AF397867

FSC
www.fsc.org
MIX
Paperi vastuul -
lisista lähteistä
Paper from
responsible sources
FSC® C105338

Kustantaja: BoD · Books on Demand,

Mannerheimintie 12 B, 00100

Helsinki, bod@bod.fi

Kirjapaino: Libri Plureos GmbH,

Friedensallee 273, 22763 Hampuri,

Saksa

ISBN: **978-952-80-9747-1**

GEOKÄTKÖ

Runoja

Keittiössä kynttilän lämpö
kirkastuu rukoukseksi.

Partituurissa on kohta
jossa tuulee hiljaisia alkuja
Hyppy on merkkaamaton
tila
olemus
loput seuraavat kahdeksatta tahtia.

Lokakuussa olemme
liian väsyneitä puhumaan
rakkaudesta
kun puissa kirkuu tyhjyys
ja metro on mahdollisuus
tankaan.

Wanha kirkko
Istun pyhä kirja sylissäni
Lepakot runoilevat varjonsa
Tuuli paljastuu tuohuksissa.

Jään silmiisi meditoimaan.

Neil Young tekee kuusta laulun
Hevoskastanjoiden
silmut perhosia
Tik-Tok rakkaudet kestävät
savukkeen verran.

Tällaisena päivänä
kuralätäköt kuten ikonit.

Sade ikävän tulkkina
Vain yksin voi ikävöidä
Kaksin ainoastaan kaivata.

Yö
Pimeälle tunnustettu ikävä.

Aika on ikkunalasin
paksuista.

Kun nousen metroon
näen Itäkeskuksen
matkustajien silmistä.

Pilvet ikkunoita
joiden oletetaan
olevan linnuille auki.

Sammutat lampun
ja valaistut
Kuiskimme Venäläistä
iltateetä
Pimeä on erotiikan vaate.

Tunnelma on Tsehovin
luoma ahdistus
Vain yksi puhekupla
ja sekin oksymoroni.

Iltapäivä kuin Tarkovskin
elokuva
Tässä huoneessa
sinä olet unta josta
minä herään.

Yö on naalinkarvan
ohut pensseli
Harmaan okran pastissi
Rachmaninovin kiduttamat
nännisi
Lantiollasi sormien
hyväilevä fauna.

Kapakan tunkkaiset verhot
Loossi kuin Venäläinen juna
Romantiikka soi hiljaisina
lumikiteinä Helmikuussa
Viini kärsii lasissa kauniisti.

Sinua oli useita sivuja
Tarvitsin nitojaa.

Puistossa tuoksuu
sadalta koiralta
Amppelissa kokonainen kevät.

Laiturilla kaksi onkijaa
Kohta tämäkin kuva
kuten Monetin maalaus
Nostettu jonkun seinälle.

Kun lakastuva
vaahteran lehti
maatuu lumikukaksi
ilomme tämä pimeä.

Vanhojen kirjojen
tuoksu sammalissa

Jäähyväiset rautatieasemalla
Katulamppuun pyydystetty
keltainen syksy
Pulut nokkivat lähtemisen
liturgiaa
Katseesi kuin viinipullon
kylki.

Saako kuolemasta
alennusta plussakortilla?

Bussissa ei enää kukaan
kerro tarinoita
Jokainen keskittyy puhelimeen
Myös kuljettaja
Salaa toivon ohitse vilahtavien
metsien villiintyvän
Että siilit alkaisivat piikitellä
takaisin.

Kävelen jokivartta pitkin
Kahvilat kauppiaat
karikatyyrien piirtäjät
Minun työni on ajatella
sinua.

Asetelma
kuvataiteen kieli
Käyneiden hedelmien tuoksu
Rintaliivisi samalla pöydällä
Tunnen sormillani valon
joka sinussa kylpee.

Yö on Kari Tapio taksin
takapenkillä
Lumi-auran luodessa
Tammikuista totuutta
Koska Jeesus oli tie
viini totta
Elämä kulmapitserian
mainoskyltti.

Nautin ostereita valkoviiniä
Chopinin lyhyt sade
Levysoitin toistaa hiljaa
nukkuvia silmiäsi.

Sotilas tilaa oluen
Arpeni hänen kasvoillaan.

New Orleansin dharmapummit
Luonnos konkurssiin ajautuneesta
antikvariaatista
Hissien parfyymi maanantaisin
Kaurismäkeläinen rakkaus
Puhut kuten lumihanki
ja minä vastaan turkissuudelmin.

Sunnuntai
Kadut jatkavat untaan
Jokaista ajatusta haukkuvat
Chihuahuat.

Erotiikan mitta
on minihameen mitta.

Rakastelin Inuiitin kanssa
Söimme hylkeen lihaa
ennen kuin Antarktis suli
Luimme Kama-Sutraa
Rilken runo nousi kurkkuun
Niin onnellinen hetki
Samppanja vuoti silmistämme.

Viinipullo säilöö minussa
ikuista humaania.

Olisipa maailma kuin
mökkipolku;
Paljain jaloin astella
räjähtävän keltaisiin
voikukkamiinoihin.

Yksiö on elämänpitkä
syksy-yö
Saavuttamattomuus jonka
tulkitsen läheisyydeksi.

Kun istut viereeni
voin kuulla Händelin
"Giunta L'ora fatal"
Kahviin kastetut silmäsi
Kätesi jota suutelen
heltyy reidelleni
Rakkauteen ei tarvita
tähtien lentoja
vain pisarat jotka
satavat takaisin.

Kuurakanervat ikkunassa
Pitsitaivaan valkeus
Olet riittävästi brandya
humaltua.

Kahden toisiaan rakastavan ihmisen välissä on tauko.

Nainen istuu saunassa
ylimmällä lauteella
Mies hoitaa Eastwoodmaisia
kasvojaan peilin edessä
Lauantai-ilta on teetä
hiljaisuus musiikkia
lotto-arvonta
makkaravoileipää.

Baari kuin Hopperin maalaus
jossa trubaduuri
on matkijalintu
joka laulussaan
alati lähtemättä kaipaa
Introvertti lumisade ikkunassa.

Pihlajanmarjat kaatuneet pimeyteen
Nyt niistä ei ole jäljellä hyötyäkään
Radiossa tuulen suhina
Yöt valvottu ikävää.
Yhtä ja samaa.

Valomerkki
on liian aikaista sammua
liian aikaista kunnon humalalle
kun taajama jo suljetaan
odottaa Nukkumatti kulmapitseriassa vielä
tilaustaan
Eikä ilta enempää
kuin ihminen ihmistä tunne
Kadunvarteen villiintyneet
sähköpotkulaudat.

Pub Kitupiikki (Vaasa)

Kaksimieliset hopeiset hanat joista
koko Vaasa on vaahdonnut alkunsa
Kapakka jossa viisi mahtuu istumaan
täytyy kuudennen seistä
Puulakifutisporukan aaltoliike terassilla
kun markiisiin ropisee venäläisiä sadetta
Ja iäkkäät asiakkaat jotka silmät auki
nukkuvat
oluen toimiessa jääkiekko-otteluiden
tulkkina
vaihtavat veikkausvoittonsa minttuviinaan
Samat miehet jotka sulkemisaikaan
polkevat kotiin 60-luvulle
pyykkipinnat lahkeissaan
istuvat joka kerta viimeistä iltaa
"kun on näitä vaivoja" ja kusi tulee ruikkien
pöntön ohi
kiroaa siivooja dementiakatkoja
Eikä muuta musiikkia kuin Veikon roisit
jutut
joita tipeiksikin kutsutaan
lattialta löytyneitä nappeja jotka eivät
mene kahta kertaan kiinni.

Tonava kaunoinen
Slussenin sissien
ripustamat rakkauslukot sillan kaiteessa
jolta joku hyppää toiseen säkeistöön
Wien, mielentila
josta Rilke ei kirjoittanut.

Tonava soi kuten viulu
Jokilaivassa Schillerin merirosvot
Syön tavernassa katkarapuja kun
seurakunta
kärsii uskonpuutetta kirjallisuuspäivillä
Jos turistit kiellettäisiin
sinulta vietäisiin elämänilo
etkä sinä meistä koskaan lähde
kuten Elvis talostaan
Täälläkin Piafin varpuset
ja ne jotka ovat rantojasi seisseet
eivät ole koskaan kääntyneet pois
itseensä korkeintaan
valaistuneet katulampun alla
On aina vuosi 1880 ja
viini samalta vuosisadalta

Hyvää Joulua sotilaille
ruudintuoksuisiin lumihankiin
pakkasen kovettaman leivän
nukkumattomiin uniin
Hyvää Joulua Presidenteille
jotka juovat valansa punssilaseistaan
Hyvää Joulua Burma jossa
lapset söisivät nälkäänsä lunta
jos sitä sataisi
Hyvää Joulua Gaza jossa ei ole
Kristittyjen Jumalaa
Hyvää Joulua Suomen Pelastusarmeija
Toivottavasti padasta riittää
maanantaista sunnuntaihin
Hyvää Joulua taksi jonka
takapenkillä nukkuu kalmaansa
Jerusalemin
sammunut tähti kuin Hank Williams
Hyvää Joulua naapurin piano
kello kahdenkymmenen kahden jälkeen
Hyvää Joulua Bach jonka partituurissa
oleva hyppy kestää pyhien yli
Hyvää Joulua nuori nainen joka
kohdussaan kantaa tulevien sukupolvien
huolta.

Joulukuu tuoksuu lumelta. Olen elegikko, joka
tarvitsee jokapäiväisen brandynsä, kuten
Melleri tilatessaan viinaa, sai vettä, senkin
muuttumaan runoksi. Tiistaisin tislataan
maanantain kyyneleet, on liian aikaista vielä
viikonloppuristeilylle, vaikka meitä vaaditaan
jo perjantain lankulle, sunnuntain giljotiinille.
Torstai on unohdettu, se puuttuu almanakasta,
kuten viitteet Jumalaisesta näytelmästä.
Keskiviikosta tulee yllättävän pitkä, vaikka
mainokset työnnetään postiluukusta ja meitä
vaaditaan kuluttamaan
itsemme loppuun.
.Lumiukkoja rakennetaan samalla hartaudella
kuin ihmissuhteita; Lopulta ne eivät kestä
sellaista lämpöä.

Tilaan pienen oluen
ja ison viskin
Buddha on juuttunut
lumeen ja nyt sitä
työnnetään pois mielestä.
Kambodzhassa sellaisen sai
matkamuistoksi eurolla.

Koulussa uskonnon tunneiksi
riitti pelkkä läsnäolo.

Olen yhden henkilön jono
Systembolaget, Italbolt
tarpeeksi lähellä hotellia.

Grogissa Akropolin valo.

Ulkona kylmä mutta
grogissa lämmin Kuuba
ei auta unohtamaan
korkeintaan kadottamaan
itsensä

Tunnustan ikäväni sille.

Lumihangessa linnunvarpaiden jälki

kevään jälki.

Anastasia

Muistaa kivullaan
kun suru kääntää kasvimaan
ja tapetit huokaavat venäjän kulunutta
keltaa
Aika tulisi kiertää takaisin
tyhjään rasiaan
keltuainen tarvitsee suolaa
Anna minulle anteeksi
särkyneet muuttujat
Tämä on Hopperin maalaamaa
yksinäistä kahvia
Tiesitkö että
sadepisaralla on kyky
upottaa kokonainen laiva
tämä melankolia vaihtaa seksiin

Toistaa itseään niin ettei toistu.

Prinsessan ongelma

Jokainen linna
epäonnistunut tyhjyys.

Tuhkimon ongelma

Hän inhosi pitsejä ja röyhelöitä
joita sai alati pestä
Jutteli mieluummin hiirille
Eikä lasinen kenkä sopinut
vaan särkyi
kun siihen sovitettiin turhautunutta
viiniä
joka sai kurpitsat näyttämään
ajokilta joka on sullottu täyteen
seksi-addiktiosta kärsivän prinssin
lapsia.

Aku Ankan ongelma

Niin suurta epäonnea
voi jo kutsua onneksi
veljenpojiksi
Kaakattaa niin ettei
kukaan saa selvää
ja tulla silti ymmärretyksi Iineksenä.

Lumikin ongelma

Hän inhosi kauneuttaan
joka kelpasi ainoastaan kääpiöille
Hän inhosi viikonpäiviä jotka eivät
koskaan yltäneet rakastajan mittoihin
Hän joutui kumartumaan jotta näkisi
itsensä peilistä
Hän joutui kumartumaan jotta olisi
ollut sopiva
ja silloinkin kun siihen ei ollut tarvetta.

Peter Panin ongelma

Hän inhosi lapsuutta
jossa krokotiili on tikittävä aikapommi
Hän halusi
kyltymättömiä nymfejä.
Lupasi ettei lähtisi takaisin mikä-mikä
maahan.

Olet figuuri joka työnnetään vaginaan.

Pinokkion ongelma

Hän piti valehtelusta
ja koki ettei täyttänyt
lupauksiaan toivotulla tavalla

Gebetto halusi sinisen keijun
ei nenää.

Tiedättehän tunteen
kun makaa sohvalla alasti ja
syö suklaata
Jättää puoliksi juodun oluen
tuleville sukupolville
Kun viulusta on jäljellä
pelkkä musiikki
Nuo yksinäiset lokakuun
junat kasvoillasi
loppuun tupakoidut kirjat
Kun kyynel valuu akvarelliksi
ja rakkaus lukitaan sillan kaiteeseen
jolta lopulta hypätään uuteen
suhteeseen.

Tiedättehän viinin ehdot
Sinä nukut sohvalla
Minä täytän lasit niin täyteen
ettei tarvitse puhua.

Tiedättehän tunteen kun
penis on enää pelkkä sorsa
turistien kivittämät muuttolintu
Takka josta ei mahdu joulupukki
vaan askeesi munkki
veturi josta savu nousee
Mustavalkoinen sateenvarjo
joka kyseenalaistaa vaatteiden
tarpeellisuuden.

Väsyneelle sahapukille laskeutunut
Sunnuntai-iltapäivän sininen hiljaisuus
Hetki jolloin voisi ajatella vetämättömän
kaappikellon pysäyttäneen ihmisen.

Vanhuus

Olisi sanottava jotain kaunista
Ja juuri silloin tuuli
käyttää puheenvuoron.

Valo
paljastaa kaiken
mikä sinulta oli jäänyt
kesken lumeen.

Muumikannu putosi
Sen sinä muistit sirpale
sirpaleelta.

Miten ylpeä olitkaan
kun tärisevät kätesi
saivat yhä solmun
koukun ympärille
Minun huomioni ympärille.

Lankakerä
muisto jonka rakkaus
pohjaton ikävä
lattialta nosti.

Olet sade
tauko siitä
Sitten aurinko
Et sinä kuollut
Lapsi piirtää sinut usein
minun viereeni

Mummon.

Tahdoit että muistaisin sinut
Kertoisin sinusta lapsilleni
niin kuin satuja kerrotaan
mutta tosina.

Minä olen sinun tekojesi
summa
Kuoltuasi alan pikkuhiljaa
erottua
Kun sinä et enää erotu
niin tarkasti.

Toisinaan tuntuu
että jäit tänne

Sittenkin.

Kuolemassa kuolee aina
kaksi ihmistä.

Rutistan villatakkisi
Aivan kuin sillä olisi
hartiat, keho.

Lasten lapset eivät
muista sinua
koska unohtelet asioita.

En näe enää silmiä selässäsi
Ehkä ne olivat villatakkisi
napit

Ruoasta piti kiittää
vaikka kuulosi oli huono.
kuulit jos jätin kiittämättä.

Naiset eivät enää herätä
toivottua vaikutusta
Jalkojesi välissä
pelkkä sorsa.

Joka ilta
laitat hampaasi vesilasiin
Et usko että keijulla olisi
varaa.

Vaikka röntgenkuvassa ei havaittu
muutosta
Uskot yhä sielun olemassaoloon.

Varpaassasi on nyt hintalappu.

Vaihdan vaipan
Olen harjoitellut tätä
nukella
joka on
todellisempi.

Virtsasit allesi.
Kärsit rytmihäiriöistä
Sanot ettet ole enää
elämäsi arvoinen
Että sinua tulisi rakastaa
vähemmän
Ikään kuin puolittain
Sillä tavalla kuten särkyneellä
sydämellä voi.

Tahtoisin ymmärtää
mutta et enää puhu
Ymmärtää vaikka et
muista mitä.

Osastolla on hiljaista

Tällaistako tämä on?

Emily Dickensin runoissa
lumi sulaa toiseen maahan
Liha fuusioituu joksikin toiseksi
Elämä olisi kuolema jonkin toisen
Jumalan kämmenellä
etäällä mutta minussa
jokin korkeampi tahto.

Me emme enää muista
mitkä asiat lapsena
tuottivat iloa
ja unohtaessamme
aukeavat niiden syyt
vuosikymmentenkin jälkeen.

Syksy kun
lehti käpertyy suruunsa
aivan kuin se olisi vielä tovin
haukkonut henkeä
samalla kämmenellä joka
hetki sitten reidelläsi
ei vielä tiennyt kannattelevansa
kipua
Niin raskaita hyvästejä.

Syksy tulee, minun on kirjoitettava se
itsestäni
Päästettävä linnut kuin akordit ulos
Miten väkevä on masennuksen tuoksu
pihlajanmarjoissa,
ikävä joka milloin sumuna
milloin jääriitteenä
lehdet joita ei samoiksi tunnista, sydäntään.

Ehjäksi tekevää itse matka
ei suunnitelma.

Surullisinta kun ei ole ketään jota odottaa
kotiin saapuvaksi

Ja juuri niinä toivottomina hetkinä
rakkaus tulee todeksi
kaipaamaan meissä
jokaista avattua ja suljettua ovea.

Nukahdat

vähitellen valo kasvaa ja linnut saapuvat
antavat ripsesi kevään tulla; kaipauksen
tiheän parven

unessakaan toisaalla ole.